Couverture inférieure manquante

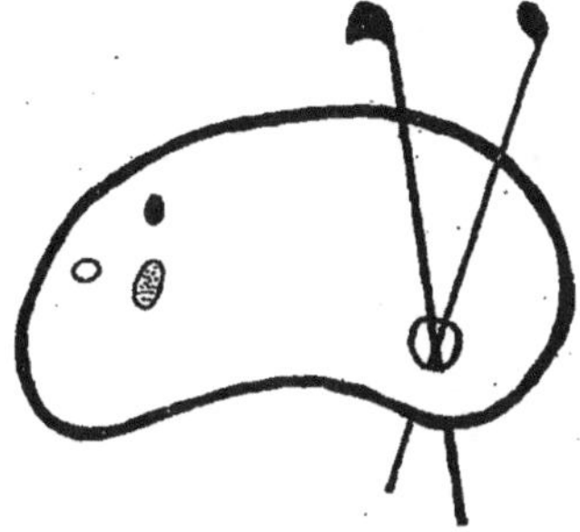

DÉBUT D'UNE SÉRIE DE DOCUMENTS
EN COULEUR

Antoine Rodier de Labruguière

D'ANDUZE A AMSTERDAM

(1770-1771)

JOURNAL DE VOYAGE

PUBLIÉ AVEC DES NOTES

PAR

M. Joseph Simon

Conservateur de la Bibliothèque de la Ville de Nimes.

NIMES

IMPRIMERIE GÉNÉRALE, RUE DE LA MADELEINE, 21

1900

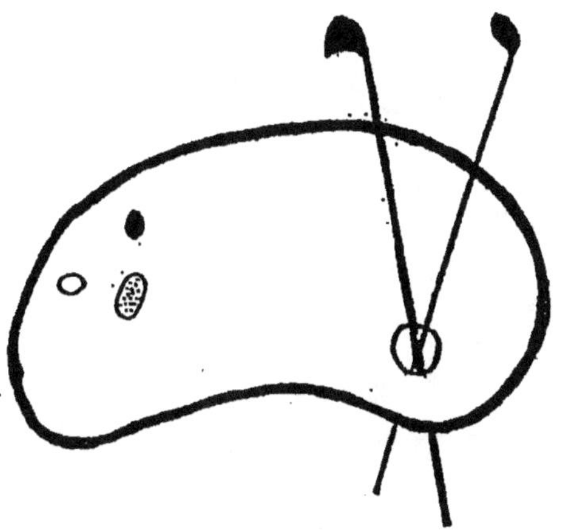

FIN D'UNE SÉRIE DE DOCUMENTS
EN COULEUR

D'ANDUZE A AMSTERDAM

ANTOINE RODIER DE LABRUGUIÈRE

D'ANDUZE A AMSTERDAM

(1770-1771)

JOURNAL DE VOYAGE

PUBLIÉ AVEC DES NOTES

PAR

M. JOSEPH SIMON

Conservateur de la Bibliothèque de la Ville de Nimes.

NIMES

IMPRIMERIE GÉNÉRALE, RUE DE LA MADELEINE, 21

1900

D'ANDUZE A AMSTERDAM

(1770-1771)

Journal de voyage d'Antoine Rodier de Labruguière,
publié, avec des notes, par M. Joseph Simon,
Conservateur de la Bibliothèque de la ville de Nimes.

Le manuscrit de ce Journal de voyage fait partie de la bibliothèque de feu Antoine-Ernest Rodier de Labruguière, d'Anduze, qui appartient aujourd'hui à sa fille, Madame veuve Henri Delpuech. Il est anonyme, mais il ressort des renseignements qu'ont bien voulu me donner Madame Henri Delpuech et sa tante nonagénaire, Madame la baronne Boileau de Castelnau, née Rodier de Labruguière, ainsi que des indications fournies par le récit lui-même, que l'auteur en est Antoine Rodier de Labruguière.

Antoine Rodier de Labruguière, naquit à Anduze, le 22 juillet 1747, et y mourut, le 5 avril 1833. Il était fils d'Antoine Rodier, avocat en parlement de Toulouse, seigneur du mas de la Bruguière. Il avait pour frère Albert Rodier, dont il est question dans ce Journal et avec lequel il avait fait son voyage. Albert Rodier épousa plus tard sa nièce, fille de son frère Antoine. De ce mariage naquit M. Antoine-Ernest Rodier de Labruguière, membre de l'Académie de Nimes et auteur d'ouvrages de philosophie, qui lui ont acquis une honorable notoriété.

Des membres de la famille Rodier étaient allés s'établir à Amsterdam, lors de la révocation de l'édit de Nantes, sans cesser d'être en relations avec les membres de leur famille restés au pays natal. C'est pour faire visite à un descendant de ces émigrés, qu'en 1770, Antoine et Albert Rodier, âgés alors, le premier, de vingt-trois ans, le second, de quatorze, entreprirent le voyage d'Anduze à Amsterdam, en compagnie de M. de Lafarelle (1) et de Madame de Lafarelle, née Bachmann, qui retournaient chez eux, à Amsterdam, après une visite faite aux membres de la famille de Lafarelle, à Montpellier et à Anduze.

Antoine qui avait reçu une bonne éducation littéraire, prit note de tous les incidents du voyage et transcrivit ses impressions dans un Petit cahier qui, selon son expression, « ne contient que ce que j'ai vu. » Ce Petit cahier devait être lu, à son retour, aux amis et à la famille. Aussi est-il écrit simplement, sans aucune prétention. On n'y trouve, ni érudition, ni réflexions politiques ou philosophiques, ni pédantisme d'aucune sorte. Le récit cependant est animé, il a du mouvement, quelquefois du piquant, et tout est bien vu. J'en ai scrupuleusement respecté le texte et l'orthographe (2).

Deux parties du Journal sont surtout intéressantes : le séjour à Paris et le séjour en Hollande.

Nos voyageurs se sont arrêtés à Paris du mardi 29 août au jeudi 4 octobre 1770. Ils visitent tous les monuments de la capitale et des environs, et, si la description qu'en fait Antoine est un peu trop dénuée d'appréciations artistiques, elle a le mérite d'être d'une exactitude rigoureuse et de nous apporter des détails que nous chercherions vainement ailleurs. Mais ce qui intéresse particulièrement les jeunes Anduziens, c'est

(1) M. de Lafarelle qui épousa Mlle Bachmann, d'Amsterdam, est M. Vignoles de Lafarelle. Il eut deux filles qui se sont mariées en France. L'une est devenue Mme de Paul, l'autre Mme de Saint-Hippolyte (Je dois ce renseignement à la gracieuseté de Mme de Mazarin, née de Lafarelle, petite-nièce de M. Vignoles de Lafarelle-Bachmann. Je l'en remercie ici.

(2) Sauf l'orthographe des noms de lieux, qui est généralement incorrecte dans le manuscrit.

le théâtre, et il ne faut pas en être trop surpris. C'était la grande passion de l'époque. La cour avait des théâtres dans tous ses palais, la noblesse en avait dans ses châteaux, la bourgeoisie dans ses hôtels, le peuple dans les baraques des foires, sans parler des autres théâtres publics. Les spectacles frivoles étaient surtout fort répandus. Dulaure en attribue la cause aux desseins politiques de la cour. « On voulait, dit-il, que le peuple ne s'occupât que d'acteurs comiques et de scènes frivoles, afin qu'il ne fît aucune attention à la scène politique alors fort en désordre (1). » Nos voyageurs suivaient le courant. Ils ne se couchaient presque pas un soir sans avoir été à un grand et à un petit théâtre, aux Français ou aux Italiens et au Vauxhall ou chez Nicolet. Antoine note jour par jour les pièces qu'il a vu *donner*, le nom de l'acteur qui a joué le principal rôle, et souvent avec des observations fort judicieuses. Il nous fait connaître l'attraction du jour, le phénomène qui fait courir le Tout Paris, et nous donne ainsi une histoire véritable et vécue des spectacles de Paris, pendant tout le mois de septembre 1770. Il ne faudrait pas cependant vouloir trouver dans le Petit cahier un tableau complet des mœurs parisiennes de la fin du règne de Louis XV. Les guides des jeunes Rodier à Paris ne leur ont-ils pas permis de les étudier à fond, ou bien par égard pour ses futurs auditeurs ou lecteurs, Antoine omet-il à dessein d'en parler ? Les deux hypothèses peuvent être exactes.

La Hollande, et particulièrement la Hollande septentrionale, est l'objet d'une étude plus approfondie. L'auteur nous décrit avec complaisance ses vertes prairies, ses riches paturages, l'activité industrielle et commerciale de ses habitants. Il va même jusqu'à faire la psychologie de quelques-uns de ces habitants, de ceux qu'il connait le mieux, pour nous donner une idée générale du caractère des Hollandais. Il nous fait assister aux réceptions de la société d'Amsterdam, nous dépeint ses distractions en hiver et en été. Il n'a garde d'oublier les peintres qui ont illustré la Hollande et ne man-

(1) Dulaure. *Histoire de Paris*, Furne, 1837, t. VI, p. 206.

que pas, à Anvers, de nous conduire devant leurs chefs-
d'œuvre. Tout est présenté avec entrain et esprit et dénote
une grande faculté d'observation chez un jeune homme de
vingt-trois ans.

Antoine repartit d'Amsterdan, le 3 juillet 1771, laissant
son frère Albert chez son oncle de Hollande. Il retourna en
France par Rotterdam, Anvers et Bruxelles. La Relation se
termine par le regret de ne pas avoir pu aller à la Comédie à
Bruxelles. « Lorsque j'arrivai, il étoit déjà tard, » dit notre
amateur passionné de théâtre ; « la Comédie étoit presque
finie. J'y aurois cependant été rien que pour voir la salle,
mais il me fallait avoir soin de détacher ma malle, et avant
que tout cela fût fait le spectacle fut terminé. » Je le plains
vraiment, car je ne sais s'il revit jamais un théâtre.

Il revint à Anduze, s'y maria et y mena, jusqu'à la fin de ses
jours, l'existence paisible d'un riche propriétaire foncier. On
m'a dit cependant qu'on le voyait quelquefois rêveur. C'est
qu'il venait alors de relire son Petit cahier, et qu'il revoyait,
dans son imagination, les joyeux jours de sa jeunesse où il
applaudissait Caillot ou la Duménil, éclatait de rire aux gam-
bades du singe de Nicolet, ou bien s'arrêtait, plein d'admira-
tion, devant les merveilleux tableaux de Rubens.

JOSEPH SIMON.

Nimes, le 27 Janvier 1900.

*
* *

Le voyage que nous faisons en Hollande étant décidé, nous partîmes d'Anduze, après un mois d'attente, le samedi 18 août, à 5 heures du matin, dans un cabriolet que mon cher père avait acheté exprès ; on nous donna pour nous conduire jusqu'à Nimes Abraham, ancien domestique de M. de Saint Roman, et le domestique de la maison nommé Louis. Nous arrivâmes à Nimes à une heure et demie. Nous fûmes loger au Petit-Louvre (1) chez Troupenas (2) où on est fort bien. Après nous y être reposés une ou deux heures, nous fûmes faire quelques petites emplettes et les commissions dont on nous avoit chargé. Nous passâmes le reste de la journée chez notre oncle. Un moment avant d'aller souper, nous allâmes faire une visite à Mademoiselle Bragouze (3). Après

(1) Appelé aussi Hôtel du Louvre : aujourd'hui l'annexe de l'hôtel du Luxembourg, qui donne sur la place de la Couronne.

(2) Troupenas était en même temps loueur de voitures. Il est déjà fait mention de cette maison au commencement du xviiie siècle, en 1710. V. *Chroniques de Languedoc*, t. V. p. 41.

(3) La famille Bragouze de Saint-Sauveur était une des familles notables de Nimes de la fin du xviiie siècle. Elle se composait, à l'époque de ce voyage, de Claude Bragouze et de sa femme Magdelaine Combe, de Henry-Abraham Bragouze et Claude-Castor Bragouze, leurs fils, et de Marie-Elizabeth Bragouze, leur fille. Henry-Abraham Bragouze fut curé de Saint-Paul du 27 octobre 1771 jusqu'à la Révolution. Il figure, sous le nom de Louis Bragouze de Saint-Sauveur, sur la liste générale des ecclésiastiques déportés ou sortis de la République en exécution de la loi du 26 août 1792. Il mourut à Nimes, le 2 ventôse an VII (20 février 1799), à l'âge de

quoi nous retournâmes chez Troupenas où nous soupâmes. Le lendemain dimanche 19, mon oncle vint nous voir. Après avoir reçu sa visite, je renvoyai ; domestiques avec les chevaux qui nous avoient conduits, et je fus à onze heures chez Mademoiselle Bragouze où je restai jusqu'à midi. Je revins à l'auberge comptant d'y trouver M. et Mme de Lafarelle qui devoient s'y rendre ce jour là de Montpellier à dix heures du matin. Ils n'y furent pourtant pas. (Ils étoient partis d'Anduze un jour avant nous). Ce retard nous inquiétoit beaucoup. Ils arrivèrent enfin à une heure et demie, dans le temps que nous étions à table. On les servit presque tout de suite. Peu de tems après le dîner, je fus prendre Mlle Bragouze. Elle vint avec M. son frère voir Mme de Lafarelle. Après les compliments ordinaires, on proposa d'aller voir la ville et nous sortîmes.

Nimes est une des villes qui conservent le plus d'antiquités, en fait de bâtiments. Les Arènes, la Maison quarrée, le Temple de Diane en sont des preuves existantes. Les Arènes sont un vaste bâtiment ovale fait en amphithéâtre. Il servait chez les Romains de lieu de combat pour les animaux et il fut construit pour cet effet. C'est là où les criminels devoient disputer de force et d'adresse avec les animaux les plus féroces dont d'ordinaire ils devenoient la proie, et les Romains rangés sur cet amphithéâtre qui fait tout le tour du lieu du combat et qui existe encore, dévoroient des yeux cet affreux spectacle.

soixante-quatre ans. Mademoiselle Marie-Elizabeth Bragouze. épousa le 7 décembre 1774. en l'église Saint-Paul, noble Alexandre Aurès. seigneur de Vallongue, garde du corps de Monsieur. (V. *Archives communales de Nimes*, v v, 68 ; l'abbé Goiffon, *Notice historique sur la paroisse Saint-Paul*, p. 14 et suiv, ; F. Rouvière, *Histoire de la Révolution française dans le Gard, La Législative*, p. 508).

Les pierres qu'on a employées à ce bâtiment sont d'une énorme grandeur et elles paroissent être placées sans ciment. Ce morceau d'antiquité est assez bien conservé, et on le verroit tel qu'il étoit, sans doute, du tems des Romains, si on n'avoit permis à des particuliers de bâtir dans l'enceinte (1).

La Maison quarrée est encore un ancien bâtiment. On y voit tout autour de grandes colonnes, la plupart d'une seule pierre qui se sont très bien conservées. Les Nimois et particulièrement M. Séguier ont fait beaucoup de recherches pour savoir à quoi elle étoit destinée dans le tems que Nimes étoit une des colonies de Rome. Il y a plusieurs opinions à ce sujet, mais voici la plus reçue. La Maison quarrée, dit-on, est le lieu qui renferme les cendres de la mère de l'empereur Adrien. Cet empereur, à la mort de sa mère, fit élever en son honneur ce superbe mausolée. Cela sert à présent d'église.

Il ne reste que de faibles traces du temple de Diane. On y découvre cependant encore quelques statues mi-démembrées.

La Fontaine qui fait un des plus beaux ornemens de Nimes est hors la ville. Elle est du tems des Romains et on montre encore l'endroit où étoient les bains de ce tems là ; elle a été beaucoup ornée. Il règne autour du grand bassin une belle balustrade de pierres de taille ; au milieu est la statue de Diane sur un pied d'estal, autour duquel est un cordon très bien travaillé. Plusieurs statues ornent encore cet endroit là. Un beau parterre et plusieurs allées d'arbres en font une jolie promenade. Sur la monta-

(1) Voir sur les maisons construites dans les Arènes l'article de M. E. de Balincourt; *L'ancienne ville des Arènes*, (REVUE DU MIDI 1896, t. I.)

gne qui est à côté de la Fontaine, on voit s'élever la Tour Magne qui servoit de fortifications aux Romains. Il étoit déjà tard quand nous quittâmes la Fontaine. Nous fûmes cependant encore à l'Esplanade, et, après avoir fait quelques tours de promenade nous nous retirâmes et nous séparâmes ainsi de M. et Mlle Bragouze qui avaient eu la bonté de nous accompagner partout où nous fûmes. Après le souper, nous nous arrangeâmes pour être en état de partir. Je fus encore passer une heure de l'après-souper chez Mlle Bragouze. Je rentrai à dix heures et demie. Les chevaux de poste, que nous avions été obligés de commander pour minuit étant arrivés à l'heure marquée, nous partîmes une demi heure après. Nous devions partir trop de bonne heure pour nous coucher. Il m'en auroit coûté de passer une nuit entière sans dormir, si je ne m'étois dédommagé dans la voiture. Je reposai si bien que je pense que je serais arrivé à Pierrelatte sans m'apercevoir de la route que j'avois déjà fait, si on ne m'eût réveillé à chaque poste pour payer le postillon. Nous avions connu à Anduze Mme Boyer et M. son fils qui habitent Pierrelatte. Nous ne voulûmes pas passer devant leur porte sans les saluer. Nous descendîmes donc un instant de voiture pour entrer chez eux. Notre visite fut courte. Nous refusâmes un dîner qu'ils nous offrirent et nous continuâmes notre route après les avoir embrassés. A deux heures nous arrivâmes à Montélimar, où nous nous arrêtâmes pour dîner au Palais-Royal. Nous y fûmes fort bien. Nous nous étions proposés d'aller dans un jour à Valence et nous ne pouvions pas nous arrêter longtemps à Montélimar. Aussi nous en partîmes à trois heures et malgré le peu de tems que nous restâmes à la

dînée, nous n'arrivâmes qu'à neuf heures à Valence,
Nous logeâmes à la Poste, où nous fûmes assés
mal.

Le lendemain mardi 21, nous partîmes de Valence
à cinq heures et demie. Nous voulions arriver ce
jour là à Lyon et nous ne nous arrêtâmes nulle part
pour dîner. A huit heures, nous entrâmes dans
Lyon et fûmes loger au Parc. On y est bien.

Nous voulions voir Lyon, et nous étions bien aises
de nous y reposer. Aussi nous y séjournâmes le
mercredi 22 avril et le jeudi 23. Nous fûmes le mercredi après dîner voir la jonction du Rhône avec la
Saône. Nous fûmes promener aux Brotteaux, ensuite
à la place Bellecour, de là nous fûmes au concert.
On y exécuta de bons morceaux. Les étrangers y
entrent gratis.

Le jeudi, après que nous eûmes dîné, nous fûmes
promener sur les bords de la Saône. On nous fit
apercevoir le château de Pierre Ancise (1), où on
met les prisonniers d'Etat. Il est situé sur un rocher
fort escarpé. Nous rentrâmes après dans la ville et
nous fûmes voir la Maison de ville. Il y a une grande
salle où sont en grande partie les portraits des éche-
vins. En sortant de la Maison de ville, nous fûmes
à la Comédie. Nous vîmes donner *L'avocat Pathelin (2)* et les *Moissonneurs (3)*. Nous vîmes pendant

(1) Petra scissa (pierre coupée, roche taillée).

(2. Comédie en trois actes, en prose, par l'abbé Brueys, représentée pour la première fois au Théâtre Français, le 4 juin 1706.
On sait que c'est l'ancienne Farce de *Maistre Pierre Pathelin* ou
*Comédie des tromperies, finesses et subtilitez de Maistre Pierre
Pathelin* attribuée à Pierre Blanchet (1459-1519), arrangée pour le
théâtre. (Les renseignements sur les pièces de théâtre ont été
puisés en grande partie dans le *Dictionnaire des théâtres de
Paris*, des frères Parfaict, Paris, Rozet, 1767, et dans le *Dictionnaire portatif des théâtres* d'Aut, de Léris ; Paris, 1754.)

(3, Comédie en trois actes, en vers libres, mêlée d'ariettes, paroles de Favart, musique de Duni, représentée ponr la première
fois au Théâtre Italien, le 27 janvier 1768.

ces deux jours de séjour ce qu'il y a de plus curieux à Lyon. Cette ville si connue par son commerce est fort grande et elle a un air riche. On y fait toute sorte de commerce, mais celui des soieries nous y parut le principal. J'oubliais de dire que le jeudi matin nous fûmes avec mon frère faire une visite à Mme Simon, notre compatriote. Nous troùvâmes chez elle M. Elie Randon, son frère. Nous quittâmes Lyon, le vendredi 24 août à neuf heures, nous dinâmes en voiture et arrivâmes à Mâcon à 5 heures. Nous fûmes promener, M. de Lafarelle, mon frère et moi, sur les bords de la rivière. Nous y vîmes arriver la diligence de Lyon et comme nous revenions au Parc où nous logions et où nous fûmes bien, il nous prit envie d'entrer dans la ville. Nous promenâmes dans trois ou quatre rues. Le hasard nous fit passer près d'un chapelier; nous lui achetâmes deux bonnets de poste qui nous coûtèrent 14 livres.

Nous poursuivîmes notre route le lendemain samedi 25 août, à quatre heures et demie. Nous ne nous arrêtâmes pas pour dîner et nous arrivâmes à six heures à Dijon. Nous passâmes ce jour là par Beaune, si renommé pour ses vins. M. de Lafarelle fut bien aise d'en prendre sur le lieu. Il y acheta du muscat blanc, du Pomard et du clos Vougeot qui est du meilleur rouge de Bourgogne. Ce canton appartient à l'abbaye de Citeaux qui n'en est pas éloignée. Nous logeâmes à Dijon à l'Hôtel de Condé. On y est passablement. Nous en partîmes le dimanche 26 août à cinq heures du matin. Nous fûmes à onze heures à Vitteaux où nous nous arrêtâmes, M. de Lafarelle voulant écrire au maire du Pont de Pany pour faire punir un postillon de cet endroit qui lui avoit manqué. Pany est à deux postes de Vitteaux.

Après que M. de Lafarelle eut fait la lettre, on nous servit à dîner à la Poste où nous étions descendus et où nous fûmes assez bien. Nous montâmes en voiture à deux heures. Nous arrivâmes à Vermenton à une heure et demie. Nous logeâmes à l'auberge de Saint-Nicolas et y fûmes fort bien.

Le lundi 27 août, nous partîmes à trois heures et demie de Vermenton. Nous passâmes par Auxerre et nous arrivâmes à une heure à Pont-sur-Yonne; nous dînâmes à la Poste ; nous y fûmes mal. Dans cette matinée, une petite écroue de la voiture s'étoit perdue, nous en fîmes refaire une et serrer toutes les autres. Il nous en coûta 18 sols. Nous repartîmes à deux heures et demie du Pont-sur-Yonne. Nous étions déjà près de Fontainebleau lorsqu'une suspente de la voiture de M. de Lafarelle vint à casser. On la racommoda avec des cordes et nous fûmes à pied à Fontainebleau. Nous n'en étions qu'à un quart de lieu. Nous y arrivâmes à six heures et demie. Nous logeâmes à la Belle Image. Nous y fûmes fort bien, mais aussi fort chèrement.

Le mardi 29, nous fûmes, le matin, voir le château. Nous parcourûmes tous les appartements. Ce que nous y vîmes de mieux fut la chambre du Roy et le cabinet du conseil. La chambre du Roy est toute en moulures en or de différentes couleurs, et le cabinet du conseil est garni de magnifiques tableaux. Nous vîmes aussi la salle de spectacle, et nous descendîmes dans le jardin. Après y avoir promené longtemps, nous nous approchâmes d'un beau bassin, où nous vîmes quantité de grosses carpes. Nous partîmes à une heure après avoir dîné à Fontainebleau. Nous vîmes la forêt qui est immense. Le chemin est à travers cette forêt pendant près d'une poste. Nous

arrivâmes ce jour là à sept heures et demie à Paris.
Nous fûmes descendre à l'hôtel Platrière, rue Platrière, où nous avions des appartements loués pour
lesquels nous payons 275 livres par mois. Nous prîmes là des arrangements pour notre nourriture et
nous arrêtâmes qu'on nous donnerait à manger à
40 sols par repas, sans y comprendre le vin, que nous
payons séparément à raison de 30 sols la bouteille. J'y
louai un domestique à 35 sols. Le lendemain de notre
arrivée à Paris, c'est à dire le mercredi 29 août, nous
ne pûmes presque pas sortir. Il nous fallut mettre
quelque ordre à nos petites affaires, défaire nos malles, etc. Mais le lendemain jeudi 30 août, nous pûmes
faire un tour en ville, sous la conduite de notre
domestique. Il nous mena au Palais-Royal. Nous
promenâmes dans le jardin, et, en revenant, il nous
fit voir l'église Saint-Roch. Cette église renferme
différents tableaux de la dernière beauté. Avant d'entrer à Saint-Roch, nous avons été, comme je viens
de le dire, au jardin du Palais-Royal. Nous y promenâmes longtems, nous ne pouvions pas nous lasser
d'admirer un jardin tel qu'on en voit peu, et nous
ne pensions pas qu'il pût y en avoir de plus agréable. Nous n'avions pas été encore aux Tuileries. Le
même jour, M. de Lafarelle nous mena chez M. Verron. Le vendredi 31 août, M. et Mme de Lafarelle ne
dînèrent point avec nous. Nous sortîmes seuls, mon
frère et moi, et fûmes promener aux Tuileries, qu'il
nous tardait beaucoup de voir. Ce jardin est un des
plus beaux qu'on puisse voir. Il est vaste et varié.
Beaucoup d'allées d'arbres, et de bosquets touffus
rendent cet endroit charmant. On y a le plaisir de
voir beaucoup de monde aux grandes allées et de
jouir de la solitude dans les bosquets. La façade du

Louvre donne d'un côté sur le jardin, et vis-à-vis on voit la place de Louis XV (1), où est la statue équestre du Roy régnant, et à jamais mémorable par les malheurs qui y sont arrivés cette année au mois de mai, pour voir un feu d'artifice tiré à l'occasion du mariage du Dauphin (2).

Le samedi 1er septembre, nous fûmes promener. Nous fîmes quelques commissions, de petites emplettes.

Le dimanche 2 septembre, nous fûmes à la campagne de M. Verron ; elle est à Villiers-le-Bel, à quatre lieues de Paris en passant par Saint-Denis, où nous nous arrêtâmes pour voir l'abbaye. Nous y vîmes aussi les tombeaux des Roys. Nous aurions bien désiré de voir le trésor royal, mais nous ne le pûmes pas, parce qu'on ne le fait voir qu'à deux heures et que nous devions être rendus avant à

(1) Aujourd'hui place de la Concorde.

(2) Voici en quels termes Dulaure rend compte de cette catastrophe : « Pendant la nuit du 30 au 31 mai 1770, un feu d'artifice préparé sur la place, à l'occasion des fêtes célébrées à Paris pour le mariage de Louis XVI, alors Dauphin, et de Marie-Antoinette d'Autriche, attira une foule immense de curieux. Un fossé qui n'avait point été comblé, des maisons dont la construction n'était point encore achevée et dont les matériaux encombraient cette rue, et l'imprévoyance de la police, causèrent de grands malheurs. Après le feu d'artifice, la foule s'écoulait par la rue Royale, qui alors était la seule issue de cette place, du côté de la ville. Pendant que la multitude s'y portait, une grande quantité de personnes et de voitures arrivaient du côté du boulevard ; ces deux forces, qui se contrariaient, accrurent considérablement la presse. On voyait des personnes culbutées dans le fossé, froissées contre les pierres, foulées aux pieds des chevaux ; d'autres, l'épée nue à la main, essayant de se faire jour à travers la foule, blessaient, tuaient ceux qui s'opposaient à leur passage. On égorgeait à coups de couteau les chevaux des voitures qui s'avançaient dans cette rue. Une charpente qui s'écroula augmenta la confusion et les malheurs. On compta, le lendemain, cent trente-trois cadavres restés sur la place ; mais le nombre fut bien plus grand, et on le fait monter à plus de trois cents. Quant à celui des personnes blessées, estropiées, ou qui moururent des suites de cette presse, on ne l'a jamais su ». (Dulaure, *ouvrage cité*, t. VI, p. 133, note 2).

Villiers-le-Bel Après avoir dîné à cette campagne, nous fûmes à la foire du Petit Saint-Luc, à une demi-lieue de là. C'était en plate campagne. On n'y vendoit que des bagatelles, mais c'est le rendez-vous des paysans et paysannes des environs. Ils y dansent, y font des jeux, courent la bague. Nous fûmes pendant assez longtemps témoins de leurs amusemens. Après quoi, nous fûmes à Villiers-le-Bel où nous soupâmes et retournâmes à Paris où nous arrivâmes à une heure après minuit.

Le 3 septembre, nous fûmes promener aux boulevards du Temple. Ils étoient brillants. Outre beaucoup de gens à pied, il y avoit quantité de voitures.

Nous étions déjà depuis quelque tems à Paris. Il nous tardoit d'y voir le spectacle, et surtout l'Opéra. Nous y fûmes le mardi 4 septembre avec Mme Bouffé la jeune et Mme Lavabre. Ce spectacle a un air enchanteur. Les yeux y gagnent plus que les autres sens. Nous y vîmes jouer les *Fêtes grecques et romaines* (1). Cet opéra fut, dit-on, bien rendu. Nous y vîmes danser supérieurement, surtout la fameuse Guimard qui exécuta les principales entrées avec toute la grâce possible. Nous sortîmes de ce spectacle les yeux éblouis, mais sans y avoir été affectés. Il nous sembla qu'une belle tragédie devoit être préférable à tout ce brillant. Aussi proposâmes-nous dès lors d'aller plus souvent à la Comédie Française qu'à l'Opéra. En conséquence, nous fûmes le lendemain mercredi 5 septembre voir donner *Inès* de *Castro* (2). Il débuta dans cette pièce un acteur nou-

(1) Ballet héroïque, en trois actes, avec un prologue, paroles de Fuzelier, musique de Colin de Blamont, représenté pour la première fois, le 13 juillet 1723.

(2) Tragédie d'Ant. Houdart de Lamotte, représentée pour la première fois, le 6 avril 1723.

veau qui plut assez. Nous le vîmes donner consécutivement dans plusieurs pièces. Jeudi 6 septembre, nous fûmes avec Mme Bouffé et Mme Lavabre aux Comédiens de bois (1). Nous vîmes donner *La Fontaine merveilleuse* et *Monnoye fait tout*. Ces deux pièces furent jouées par de jeunes acteurs dont le plus âgé n'avoit pas au delà de 15 ans. Ces jeunes gens donnèrent au mieux. Il y avoit surtout un petit arlequin pas plus haut de trois pieds qui donna à ravir. Ce spectacle est fort suivi. Ces enfants plaisent beaucoup, car il n'y a qu'eux qui donnent. Au sortir de ce petit spectacle nous fûmes au Waux-Hall (2), chez le sieur Torré. Plusieurs grandes salles, bien illuminées sont l'endroit où se rendent toutes sortes de personnes de l'un et de l'autre sexe, qui n'oublient rien à la parure pour y paroître avec éclat. Il y a dans deux de ces salons des musiciens, et d'ordinaire, on y voit bien danser. Après avoir resté là jusqu'à dix heures, nous fûmes souper chez Mme Bouffé. Quand on eut soupé, on alla promener à la foire Saint-Ovide (3), à la place Vendôme. Les

(1) Probablement les Petits Comédiens de S. A. S. Mgr le comte de Beaujolais. dont le théâtre était situé au Palais-Royal. On y allait voir jouer des marionnettes.

(2) Il y avait deux Waux-Hall, le Waux-Hall d'été et le Waux-Hall d'hiver. Le Waux-Hall fondé en 1764, par Torré, est le Waux-Hall d'été, situé sur le boulevard Saint-Martin. Torré était un artificier italien d'un grand talent. Ses feux d'artifice, mêlés de décorations pompeuses ou agréables et de pantomimes dont les sujets nécessitaient l'explosion du feu, attiraient la foule. Le spectacle de Torré fut interrompu, en 1768, par un procès que lui intentèrent les habitants du voisinage ; il obtint, comme dédommagement, de donner des bals publics. (Dulaure, *ouvrage cité*, t. VI, p. 206).

(3) Située d'abord place Vendôme, ensuite place Louis XV (place de la Concorde). Ainsi appelée parce que les Capucines de la place Vendôme y exposaient primitivement, chaque année, les reliques de saint Ovide, le 30 août, jour de la fête de ce saint. Les amateurs, en très grand nombre, s'y rendaient le soir et y restaient jusqu'à minuit. On y voyait des spectacles, des bateleurs et des marionnettes. Elle fut supprimée en 1777, après un incendie qui détruisit les baraques, les boutiques et les salles de spectacle. (Dulaure, *ouvrage cité*, t., VI p. 231).

boutiques étoient encore illuminées et elles faisoient
un fort joli effet. Il y a toujours des choses à voir à
cette foire, comme à la foire Saint-Germain. Nous
nous contentâmes d'aller voir une géante âgée de
seize ans et demi ; elle avoit sept pieds et étoit très
bien faite. Le vendredi 8 septembre avant de nous
rendre chez M. Verron où nous devions dîner, nous
fûmes faire un tour au Palais-Royal. Cette promenade est toujours brillante, tant par le jardin lui-
même que par la grande quantité de beau monde
qu'on y rencontre toujours, mais surtout avant deux
heures. Après avoir fait plusieurs tours, nous fûmes
dîner chez Mme Verron, et de là nous fûmes à la
Comédie française où nous vîmes donner *Médée* (1).
Ce rôle étoit rempli par la fameuse Mlle Dumesnil
qui l'exécuta avec toute la force possible. Après
Médée, on donna *Le Mariage rompu* (2), dans lequel
M. Préville joua le rôle de garçon on ne peut mieux.

Etant à Paris, il falloit bien voir, outre les trois
théâtres, tous les autres petits spectacles qui y abondent. Aussi ne négligeâmes-nous rien. Pour preuve
de cela, le samedi 8 septembre, nous fûmes chez
ᶜolet (3) voir le danseur de corde. Nous vîmes
tout ce qu'on peut faire de mieux en ce genre. Après
que plusieurs danseurs et danseuses se furent suc-
cédé, Paillasse vint annoncer un étranger, et, un
moment après, nous vîmes arriver un singe qui
grimpa sur la corde ; on lui donna un balancier, et

---

(1) Il s'agit ici probablement de la *Médée* de Longepierre.
représentée pour la première fois au Théâtre Français, le samedi
13 février 1694.

(2) Comédie en trois actes en prose de M. de Beauchamps, représentée pour la première fois au Théâtre Italien, le 12 février 1721.

(2) Ce théâtre était situé boulevard du temple. En 1772, il
obtint le titre de *Grands danseurs du roi*. Il porte aujourd'hui
celui de Théâtre de la Gaité.

nous vîmes danser, près d'un quart d'heure, cet animal qui est tout à fait bien dressé. A plusieurs sauts succéda une farce représentant les disputes des halles entre les poissardes. Au commencement, nous nous en amusâmes, mais cela ayant duré quelque tems, nous en fûmes ennuyés, et nous nous retirâmes avant qu'on eût fini. On ne saurait croire quelle quantité de monde, et même des personnes très distinguées, vont à ce spectacle.

Le dimanche 9 septembre, nous fûmes à Passy, à la campagne de M. Bouffé. Après y avoir diné, nous fûmes à la fête de Saint-Cloud. Nous nous y amusâmes fort bien. Nous promenâmes longtems dans les jardins. Il y a de très belles eaux, surtout un jet qui est d'une hauteur extraordinaire. M. le duc d'Orléans a à cette campagne une très belle maison, que nous ne pûmes pas voir ce jour-là, parce que le tems nous manquoit. Quoiqu'il y eût quelques heures que nous étions à promener dans ces beaux jardins, nous ne nous apercevions pas qu'il était tard. Nous vîmes cependant qu'on gagnoit la salle de bal. Nous y fûmes comme les autres, et après avoir vu danser quelques contredanses et quelques allemandes, on tira un joli feu d'artifice ; après quoi on illumina le jardin, ce qui faisoit un beau coup d'œil.

Lundi 10 septembre, nous promenâmes le matin au Palais-Royal. Nous fûmes diner chez Mme Verron, après nous allâmes à la Comédie Italienne (1) ; on donna *Isabelle* et *Gertrude* (2) une pièce italienne et *Lucile* (3). Tout fut fort bien exécuté. Le rôle de

(1) Qui devint, en 1780, l'Opéra-Comique.

(2) Ou *les Sylphes supposés*, comédie en un acte, en prose, mêlés d'ariettes, paroles de Favart, musique de Blaise, représentée pour la première fois au Théâtre Italien, le 14 août 1765. On l'attribue à l'abbé de Voisenon, l'ami de Mme Favart.

(3) Ou *les Progrès de la vertu*, par Restif de la Bretonne, 1768.

Gertrude fut joué par la fameuse Favart. Nous vîmes ce jour-là, au même spectacle, le prince de Suède (1) qui voyageoit incognito sous le nom de comte de [Haga]. Il est monté quelques mois après sur le trône, à la mort de son père. Nous avions déjà parcouru tous les spectacles, quelques églises, une bonne partie de la ville, mais nous n'en étions pas encore sortis. Nous en partîmes le mardi 11 septembre, le matin à huit heures et demie. Nous primes le chemin de Meudon. A neuf heures et demie, nous trouvant à portée de Sèvres, nous nous y arrêtâmes pour voir la manufacture de porcelaine et nous vîmes plusieurs beaux ouvrages, entre autres plusieurs magnifiques biscuits, et surtout un déjeuner à thé, composé de quatre tasses dont deux pour du chocolat et deux pour le thé, une théière, et une cave au lait ; ce petit service était de toute beauté. Nous eûmes la curiosité d'en demander le prix. On nous dit qu'il était de 25 louis d'or. Après que nous eûmes vu plusieurs beaux ouvrages, on nous fit voir le bâtiment qui est superbe. C'est pour le compte du Roy que cette porcelaine se fabrique ; on prétend qu'il y perd. Nous continuâmes notre route et arrivâmes bientôt à Bellevue. A ce nom on comprend que la situation de ce lieu est charmante. La vue s'étend fort au loin ; elle est récréée par des objets toujours variés. La Seine est au pied de la petite colline sur le sommet de laquelle est situé le bâtiment. Cette maison de plaisance appartenoit à Mme de Pompadour qui l'avoit fait bâtir. A sa mort elle en fit présent au Roy. Le logement est petit, mais proprement bâti, et meublé avec beaucoup de goût. Les jardins et terrasses en sont fort bien ordonnés. De là nous allâmes à

(1) Gustave III.

Meudon qui en est tout près, mais le peu de chemin qu'il y a à faire ne laisse pas d'être pénible à cause de la montée qui est extrèmement roide. A Meudon, il y a deux châteaux assés délabrés, parce que le Roy n'y va plus. Il y a de magnifiques tableaux, et dans l'un d'eux, une chambre appelée *la chambre des secrets*, qui mérite d'être remarquée en ce que, en se mettant dans l'un des angles et en parlant très doucement, une personne placée dans l'angle opposé vous entend aussi distinctement que si on parloit tout haut. (1) Les jardins et le parc sont fort beaux. Le parc est extrèmement vaste, car on peut aller à Versailles, qui ne laisse pas d'en être éloigné, sans sortir du parc. Nous y promenàmes longtemps malgré une petite pluie qui nous arrosoit de tems en tems. Nous dinàmes chez le suisse, où nous fùmes assez bien. A trois heures, nous en repartimes et prîmes le chemin de l'Ecole militaire. Nous y arrivàmes à quatre heures. On nous fit voir les écuries et le manège, les chambres à coucher, à manger et la lingerie. Cette maison n'est point encore achevée et je ne laisse point de dire qu'elle est superbe. Rien ne sera plus beau quand elle sera dans sa perfection. Elle a été fondée par le Roy régnant, et destinée à l'éducation de cinq cents gentilhommes. Cette maison a dix millions de revenus. Ces jeunes gentilhommes apprennent gratis tout ce qui convient à une bonne éducation. On les tire de là pour les placer dans divers régimens. Nous fùmes de là à la Comédie Françoise. On représenta *le Légataire universel* (2) et *L'avocat*

(1) C'est le phénomène que l'on peut encore observer à la salle dite de l'Echo au conservatoire des arts et métiers, et, plus près de nous, dans un des salons du château de Saint-Privat.

(2) Comédie en cinq actes, en vers, de Regnard, représentée pour la première fois au Théâtre Français, le 9 janvier 1708.

Pathelin. Je remarquerai qu'il s'en fallut de beaucoup que le rôle de l'avocat fût donné si comiquement à Paris qu'à Lyon, et dans quelques autres villes de province où je l'avois vu représenter plusieurs fois. Je sais bien qu'on outre beaucoup en province sur le théâtre comme dans d'autres choses où on ne fait rien avec mesure, mais je ne sais si dans ce cas le comique un peu outré n'est pas permis. La pièce semble le demander ; c'est une véritable farce.

Le mercredi 12 septembre, nous fûmes le matin dans la ville. Nous fûmes aussi voir l'église de Saint-Sulpice. Elle est très belle. On y voit de beaux morceaux de sculpture et surtout le tombeau du curé de   . On voit encore dans cette église deux bénitiers qui sont chacun d'une coquille extrèmement grande. L'après-midi, nous fûmes à la Comédie avec Mme Bouffé, M. et Mme Vandergoes, Hollandais. Nous vimes donner *Hypermnestre* (1) et *L'aveugle clairvoyant* (2). Ces deux pièces furent fort bien rendues. Au sortir de la Comédie, nous fûmes voir le sieur Comus qui fait de beaux tours d'adresse et de plus beaux encore de physique. Cet homme a des talens surprenans. Il a poussé extrèmement loin la connoissance de la physique et il fait toutes les années quelques nouvelles découvertes, et son tems n'est pas tout pour le public. Il est vrai qu'il passe six mois en ville pendant lesquels on peut le voir. Mais il reste l'autre moitié de l'année à la cam-

(1) Il y a deux tragédies de ce nom. L'une, *Hypermnestre* ou *Lyncée*, de Th. de Riouperoux, représentée pour la première fois, le 1er avril 1708 ; l'autre de Le Mierre, représentée pour la première fois, le 31 août 1758.

(2) Deux comédies portent ce titre : la première, des sieurs De Brosse, en cinq actes, en vers, jouée pour la première fois en 1649 ; la seconde, de Marc-Antoine Le Grand, en un acte, en vers, représentée pour la première fois, le 18 septembre 1716.

pagne. Il emploie ce tems là à l'étude, et il augmente ainsi ses connoissances.

Le jeudi 13, nous fûmes voir, le matín, l'Hôtel des Invalides. Ce bâtiment est superbe ; il est extrèmement vaste, très bien bâti. Il contient 3,000 invalides ; ils y sont nourris et habillés. Au bout de l'église qui est très belle, il y a un dôme d'une beauté et d'une hauteur surprenantes, orné de belles peintures et de statues de marbre très bien travaillées. Le sol est de marbre de diverses couleurs à compartimens. Nous voulûmes monter jusques au haut malgré qu'il y ait au-delà de trois cent soixante degrés. Ils sont beaux et commodes, excepté tout au plus où ils sont pratiqués dans une colonne, et qu'on monte sans y voir. Nous fûmes aussi voir les cuisines et les réfectoires qui sont extrèmement propres. Chaque réfectoire contient deux tables, chacune de deux cents personnes. Les marmites de la cuisine contiennent chacune deux mille quatre cents livres de viande. Il règne dans cette maison un ordre admirable. Le soir nous fûmes à la Comédie Italienne où on représenta *On ne s'avise jamais de tout* (1) et *le Roy et le Fermier* (2). Le fameux Caillot représenta dans ces deux pièces. Au sortir de la Comédie, nous fûmes au Waux-Hall et de là souper chez M. Bouffé.

Le vendredi, 14 septembre, nous fîmes le matin une visite chez M. Verron. L'après midi, nous fûmes au beau jardin du Luxembourg, et après nous trottâmes un peu la ville.

(1) Opéra comique en prose, mêlé d'ariettes, paroles de Sedaine, musique de Monsigny, représenté pour la première fois à la foire de Saint-Laurent, le 14 septembre 1761.

(2) Comédie en trois actes, mêlée d'ariettes, paroles de Sedaine, musique de Monsigny, représentée pour la première fois au Théâtre Italien, le 22 novembre 1762.

Le samedi 15 septembre, nous fûmes au Luxembourg voir les galeries de tableaux. Ils sont tous magnifiques. On les voit avec plaisir, et les connaisseurs les admirent, surtout la galerie qui contient l'histoire de la reine Marie de Médicis, femme de Henri IV et mère de Louis XIII. Elle est de Rubens. Les autres contiennent de fort beaux morceaux de différens maîtres. De là nous fûmes à la Comédie Italienne. On donna le *Cadi Dupé* (1) et *Tom Jones* (2) Ce fut Caillot qui joua le rôle de père dans *Tom Jones*, aussi bien qu'il soit possible.

Le dimanche 16, nous fûmes à Marly. Avant que d'y arriver, nous fûmes voir la fameuse machine qui sert à faire monter les eaux de la Seine dans les réservoirs. Cette machine a été inventée par un Liégeois qui ne savait ni lire ni écrire ; elle transporte l'eau à cinq cents pieds de haut par le moyen de ses pompes et donne dans une heure deux mille muids d'eau. Il y a toujours soixante hommes occupés à faire les réparations nécessaires. Nous arrivâmes à onze heures au château, qui est un gros pavillon isolé, avec douze plus petits, six d'un côté, six de l'autre, qui servent pour les princes quand la Cour est à Marly. Nous parcourûmes le château. Il y a quatre belles et grandes pièces au rez-de-chaussée, Le salon octogone est magnifique et tous les appartemens sont bien meublés. Il y a un grand nombre de tableaux des meilleurs maîtres. Les bosquets sont magnifiques et ornés de belles statues. Der

(1) Opéra comique en un acte, paroles de Lemonnier, musique de Monsigny, représenté pour la première fois à la foire Saint-Laurent, le 4 février 1761.

(2) Opéra lyrique, en trois actes, en prose, mêlé d'ariettes, par MM. Poinsinet et Philidor, 1765 ; imité du roman anglais de Fielding.

riére le château, il y en a un surtout fort joli. On l'appelle le bosquet de Mars ; on y voit de fort belles statues. On y admire surtout une Vénus antique. Après avoir vu les châteaux et les bosquets, nous fûmes diner chez le Suisse, qui nous fit payer chèrement un dîner médiocre. Il nous restait encore à voir ce qu'on admire le plus à Marly, je veux parler des eaux. Nous y fûmes après dîner et nous eûmes le plaisir de les voir jouer. Il y a plusieurs pièces, toutes d'une extrême beauté ; celle qui passe pour la plus belle est nommée la Fontaine des Vents. La Cascade rustique, le Bain d'Agrippa, la Gerbe des Quatre pucelles et le Jet d'eau de la Salle des Sénateurs sont aussi tout ce qu'on peut voir de beau. Après avoir vu jouer les eaux, nous en repartîmes à six heures et arrivâmes à huit à Paris.

Nous avions déjà bien parcouru Paris, c'est ce à quoi nous nous occupions tous les jours, et, tous les jours aussi, nous voyions quelques édifices publics ou des choses de cette nature qui attirent la curiosité des étrangers. Cependant tous les jours nous apercevions qu'il y avait quelque autre chose à voir que nous n'avions pas encore passé en revue.

Le lundi 17, nous fûmes voir l'église Notre-Dame qui est fort belle et où il y a nombre de beaux tableaux. Après nous fûmes à la Maison des enfants trouvés. Nous y vîmes quantité de ces pauvres créatures. Tout est fort bien arrangé et il y régnoit un ordre admirable. Les enfants étoient très bien tenus dans leurs berceaux ; leur linge étoit extrèment propre. Nous vîmes des sœurs qui les soignoient qui, par le soin qu'elles se donnoient, sembloient de véritables mères. Outre le grand nombre d'enfants que nous vîmes, on nous dit qu'il y en avoit dix mille.

Nous fûmes ensuite à l'Observatoire. Nous montâmes en haut pour voir l'endroit d'où se font les observations. Après, en descendant, nous entrâmes dans une salle où se font les expériences appropriées pour ça et qui contenoit des instrumens et autres choses nécessaires à l'astronomie. Il y a des souterrains de sept lieues de long. Il faut descendre cent soixante degrés pour y arriver. Nous allâmes de là au Val de Grâce qui est un couvent de religieuses de l'ordre des Bénédictins. Il y a une belle église avec un beau dôme dont le plafond est peint par le fameux Mignard. Il y a de belles colonnes de marbre auprès de l'autel. C'est là que sont enterrés les cœurs de nos rois. On enterre leurs entrailles à l'église de Notre-Dame et leurs corps sont portés à Saint-Denis. Nous fûmes l'après-diner à la Comédie. On donna *Dupuis et Desronais* (1), et le *Mariage rompu*.

Mardi 18, nous accompagnâmes Mme de Lafarelle chez plusieurs marchands de modes ; elle fit quelques emplettes et nous fûmes après promener sur les boulevards.

Mercredi 19, nous fûmes à la Comédie Française ; on donna *Iphigénie en Tauride* (2) et la *Fausse Agnès* (3).

Jeudi 20, nous fûmes à la Comédie Française avec Mme Bouffé ; on donna la *Gouvernante* (4) et le *Gron-*

---

(1) Comédie en trois actes, en vers libres, de Collé, représentée pour la première fois, sur le Théâtre Français, le 17 janvier 1762.

(2) Tragédie en musique, en cinq actes et un prologue, par Duché de Vancy, représentée pour la première fois, le 6 mai 1704.

(3) Ou *le poète campagnard*. Comédie en trois actes et en prose, précédée d'un prologue en vers, de Néricault-Destouches, parue en 1736.

(4) Il y a deux comédies de ce titre ; l'une, par Avisse, en trois actes, et en vers, représentée pour la première fois au Théâtre Italien, le 25 novembre 1737; l'autre, de La Chaussée, donnée pour la première fois sur le Théâtre Français, le 13 janvier 1747.

deur (1). Cette première pièce est bien intéressante et l'actrice qui joua le principal rôle, savoir celui de la gouvernante, ne contribua pas peu à en augmenter l'intérêt, c'est Mlle Dumesnil qui s'en acquitta si bien. Cette célèbre actrice exprime les sentimens avec toute la force possible. Après le spectacle, nous fûmes au Waux-hall. A dix heures, nous fûmes souper avec M. et Mme de Lafarelle sur les boulevards, au café d'Alexandre. Avant de nous mettre à table, on fit monter des Savoyards qui nous chantèrent les plus jolies chansons du monde, égrillardes, mais honnêtes. Nous fûmes après le souper à la foire Saint-Ovide, à environ une heure; nous descendîmes de carosse, nous fîmes le tour de la place, nous arrêtant de tems en tems à des boutiques à marchander des choses que nous n'avions point envie d'acheter. Mme Bouflé a pour cette sorte d'amusement un talent tout particulier. Elle sait marchander pendant une heure, passer toute une boutique en revue, se retirer sans rien acheter ou du moins bien peu de chose, et laisser avec tout ça la marchande contente.

Nous avions été plusieurs fois au Palais-Royal, mais seulement aux jardins. Nous n'avions pas encore vu les appartemens. Nous satisfîmes notre curiosité à cet égard le vendredi au matin 2 septembre. Nous vîmes de très beaux tableaux. Il y en a un grand nombre de Raphaël. La galerie d'Enée peinte par Antoine Coypel est très belle. Le morceau qui représente Enée qui porte son père sur ses épaules pour le sauver de l'embrasement est admirable. Nous vîmes les appartemens du duc d'Orléans, du duc et

(1) Comédie en trois actes, en prose, par Brueys et Palaprat. représentée pour la première fois au Théâtre Français, en janvier 1691.

de la duchesse de Chartres ; ils sont tous très beaux
et très riches. Il y a surtout un lit brodé en or
relevé en bosse, qui attira longtems nos regards.
Je crois qu'on ne peut rien voir de plus beau, mais
surtout rien de plus riche. Le salon de compagnie
du duc est de toute beauté. On parvient à ces appartemens par un grand et magnifique escalier qu'on
trouve à droite dans la seconde cour. Après être
sortis du palais, nous fûmes promener aux Tuileries et allâmes dîner à Passy chez Mme Bouffé où
nous restâmes jusqu'à huit heures.

Samedi 22 septembre, nous partîmes de Paris à
10 heures pour aller à Choisy-le-Roi. Mais avant
que d'aller à cette maison royale, nous fûmes voir
le cabinet du Roy ainsi que le Jardin des plantes
étrangères. Tout nous y parut beau, surtout le cabinet. Il est d'un arrangement et d'une propreté
admirables. Il contient un nombre infini de choses
rares et qui servent à l'histoire naturelle. On y voit
toutes sortes de bois, de pierres, de marbres, de
pierres précieuses, d'insectes, d'oiseaux, enfin toutes
sortes d'animaux.

Nous fûmes de là à la manufacture des tapisseries
des Gobelins. Nous en vîmes travailler plusieurs
d'une beauté et d'un dessin superbes. Nous vîmes
entre autres une pièce représentant l'histoire de Don
Quichotte. Les personnages étoient parlans. Mais
cette pièce qui étoit certainement superbe, n'est pas
ce que nous vîmes de plus beau. On en travailloit
une pour le Roy dont le fond étoit d'or, qui étoit
bien au-dessus. Après nous être arrêtés pendant
deux heures à ces différens endroits, nous partîmes
à midi pour Choisy. Nous y vîmes les deux châteaux.
Il y a dans le grand une jolie salle de spectacle et de
beaux appartemens bien meublés. Le Roy y loge

lorsqu'il y va avec toute la famille royale. Il y a dans le petit très peu d'appartemens, mais ils sont meublés avec beaucoup de goût. Il y a dans le salon à manger une table qui, lorsque le Roy donne un coup de sonnette, s'enfonce dans une chambre au dessous et se remplace par une autre toute servie. Tout cela n'est que l'ouvrage de deux secondes. Il y a aux quatre côtés du carré dans lequel cette table ronde est placée, quatre espèces de guéridons qui font la même manœuvre et qui servent à rapporter des assiettes et des verres propres.

Depuis notre arrivée dans la capitale, nous n'avions presque pas passé un jour sans voir de belles choses et avec ça nous n'avions, pour ainsi dire, rien vu, parce que nous n'avions pas été encore à Versailles. Nous y fûmes le dimanche, 20 septembre. Nous partîmes de Paris à neuf heures avec M. et Mme Bouffé et M. Hugues, d'Amsterdam. Nous y arrivâmes à onze heures et demie et fûmes loger chez le suisse de Carioles, nommé Tavannes. Avant que d'arriver à Versailles, on commence à s'apercevoir de sa beauté et de sa grandeur par les avenues qui y mènent et qui sont toutes à quatre rangs d'arbres. Celle par laquelle on arrive de Paris est la plus longue et vient se terminer comme les autres à la grande place d'armes. Dès que nous fûmes arrivés, nous fûmes à la messe du Roy. S. M. y vint avec Mme la Dauphine. Nous eûmes tout le tems de les considérer. De là nous fûmes dans la grande galerie où nous vîmes passer consécutivement le Roi, le Dauphin, la Dauphine, le comte de Provence, le comte d'Artois et Mmes sœurs du Dauphin. Après, nous fûmes voir dîner le Dauphin et la Dauphine. Ils étoient servis en vaisselle d'or. Nous restâmes jusqu'à ce que le Dauphin et la Dauphine se levèrent de table. Alors nous regagnâmes notre auberge pour aller dîner. Nous fûmes à la ménagerie où nous vîmes plusieurs bêtes rares, entre autres un rhinocéros. De retour de la ménagerie, nous promenâmes les jardins. Ils sont aussi agréables que variés ; les eaux y produisent des effets admirables et les chefs d'œuvre de sculpture y sont multipliés. La dernière chose que nous vîmes fut le labyrinthe. Il y a à l'entrée principale une statue d'Esope et à chaque carrefour une fontaine avec des animaux qui représentent une fable d'Esope. Nous nous étions bien flattés de voir ce jour là souper le Roi au grand couvert. Mais cela ne put avoir lieu. Le Roi partit à cinq heures pour Trianon où il devoit souper. Nous continuâmes encore à promener dans les jardins et dans le labyrinthe, et après une très longue promenade que nous aurions bien voulu encore prolonger. nous nous rendîmes à notre auberge pour nous préparer à partir. Il n'est pas possible de donner une véritable idée de tout ce que renferme Versailles. Imaginez les plus beaux jardins possibles, les plus jolis bosquets, les pièces d'eau les plus agréables, les plus belles, les plus singulières, les statues les mieux sculptées, les plus superbes palais, les tableaux les mieux exécutés, et vous serez encore éloignés du vrai. Je ne crains pas de dire qu'on ne peut pas en avoir la moindre idée sans le voir, et qu'en le voyant on est tout étonné. Nous nous arrachâmes de ces beaux lieux presque malgré nous, à sept heures, et arrivâmes à neuf heures à Faris. Nous fûmes faire un tour à la foire Saint-Ovide et amenâmes toute la compagnie souper chez nous.

Lundi, 24 septembre, nous ne fîmes que promener la ville, étant encore tout remplis de ce que nous avions vu à Versailles.

La matinée de mardi matin 25 septembre fut employée à faire des emplettes. Le soir, nous fûmes à l'Opéra. On y donna *les Fêtes grecques et romaines.*

Mercredi matin 26 septembre, nous fûmes voir la Bibliothèque du Roy. Elle est superbe et dans un ordre admirable. Il y a au-delà de cent cinquante mille volumes dans plusieurs grandes salles, outre quantité de manuscrits qui sont dans plusieurs chambres particulières. Il y a quarante personnes préposées pour la direction de la Bibliothèque. On voit dans une des grandes salles le Parnasse François. De là nous fûmes au Louvre pour voir l'Académie des peintures. Nous y vîmes plusieurs beaux tableaux et de belles pièces de sculpture. Le soir, nous fûmes à la Comédie Italienne. On donna *Isabelle et Gertrude* et *Tom Jones.* Caillot joua dans cette dernière pièce à ravir.

Le Jeudi matin 27 septembre, M. et Mme de Lafarelle furent à Olinville, terre de M. Micault de Courbeton, sur la route d'Orléans, près d'Arpajon. Ils y restèrent le 27, le 28 et n'arrivèrent que le 29 au soir. Pendant ces trois jours, nous promenions la ville, mon frère et moi, et le soir nous allâmes au spectacle. Nous vîmes donner aux Français *Phèdre* et le *Mariage rompu,* (Mademoiselle Dumesnil jouoit le rôle de Phèdre) et aux Italiens, la *Servante maîtresse* (1) et une pièce italienne, et aux Comédiens de bois, deux jolies petites farces.

Le dimanche 30 septembre, nous fûmes l'après-

______

(1) Traduction française de *La Serva padrona*, intermède italien en deux actes, représentée au Théâtre Italien. en 1742, à celui de l'Opéra, en 1752. Deux actes en vers libres et ariettes, parodiés du même intermède, par M. Baurans, eurent une première représentation, le mercredi 14 août 1754.

dinée voir le château de la Meute (1) et St-Cloud. La Meute n'est qu'une maison de chasse située à l'entrée du Bois de Boulogne du côté de Passy. Le roi y fait plusieurs voyages dans l'année, mais de peu de jours. Nous vîmes les appartemens, les jardins, le petit bois et et les faisanderies. St-Cloud appartient au duc d'Orléans. Nous y avions été lors de la fête, mais nous n'avions pas vu les appartemens. Ce magnifique château renferme les plus belles peintures. On admire surtout celles de la galerie. Je crois avoir dit dans un autre endroit que les jardins sont superbes, les eaux très belles, surtout un jet qui s'élève à une hauteur prodigieuse. Nous fûmes de St-Cloud au Wauxhall et de là M. et Mme Bouffé et M. Lutken de Bordeaux, vinrent souper avec nous.

Lundi 1er octobre, nous dînâmes chez M. Verron. L'après-dînée, on fit des emplettes et puis nous fûmes chez M. Bouffé où nous soupâmes.

Mardi 2 octobre, nous dînâmes chez M. Verron et nous fûmes à la Comédie Italienne où on donna les *Arlequins jumeaux* (2) ; le fameux Carlin joua les *Arlequins* parfaitement.

Le mercredi 3 octobre, après avoir fait quelques visites d'adieu, nous fûmes aux Français; on y donna le *Père de Famille* (3). Le célèbre Molé s'acquitta avec toute la force et tout le sentiment possible du rôle de Saint-Albin. Tous les acteurs, en général, jouè-

(1) On dit aujourd'hui La Muette. *Meute* s'orthographiait autrefois *Muette* (*ue* se prononçant *eu*). La tradition de la prononciation s'est perdue et l'on prononce aujourd'hui le mot comme on l'orthographie, c'est-à-dire, Mu-ette.

(2) C'est la même pièce que celle qui est intitulée *Les deux Lelio et les deux Arlequins* (I due Lelio et due Arlechini). Ce canevas italien, en trois actes, a été représenté pour la première fois, le 15 juillet 1716.

(3) Drame en 5 actes, en prose, de Diderot, représenté pour la première fois, le 18 février 1761.

rent bien. Le rôle de père étoit en bonnes mains, et la pièce fut rendue divinement bien; nous étions à la Comédie avec M. et Mme Bouffé qui vinrent souper chez nous.

Le jeudi 4 octobre, nous partîmes de Paris à huit heures du matin. Nous prîmes la route de Chantilly où nous arrivâmes à midi. Nous logeâmes au Grand Cerf. On y est passablement. La maison et le parc que le prince de Condé a à Chantilly et que nous fûmes voir réunissent tout ce que l'art et la nature peuvent avoir de plus parfait. Le grand château est presque de figure triangulaire : au milieu du beau degré qui mène aux appartemens, on voit une statue du grand Condé avec des attributs représentant les victoires qu'il a remportées. Le château est entouré de beaux fossés dans lesquels il y a une grande quantité de belles carpes si bien privées qu'elles viennent prendre dans la main le pain qu'on leur présente. Il communique par un pont-levis au petit château qui n'a pas autant d'extérieur que le grand, mais les dedans en sont bien plus beaux. Ils contiennent l'un et l'autre beaucoup de pièces de peinture et de sculpture. On admire dans le grand la galerie des victoires du grand Condé très bien peinte par Van der Meulen. Les écuries sont magnifiques. C'est un bâtiment tel qu'on n'en voit pas dans ce genre : elles sont décorées par de beaux morceaux de sculpture. On y voit au milieu une belle fontaine avec deux chevaux de plomb de grandeur naturelle. Ce bâtiment est extrêmement vaste ; il contient, en deux files, deux cent quarante chevaux. On doit encore voir la salle de spectacle. Elle est petite, mais jolie et bien décorée. Le jardin et le parc de Chantilly sont charmans ; ce dernier est extrêmement vaste ; il y a de belles allées. Bien avant dans la forêt, il y a une belle place ronde, nommée la Table, d'où partent douze allées de près d'une lieue de longueur. J'ai déjà dit que les jardins sont magnifiques ; les belles eaux contribuent beaucoup à les embellir ; elles y abondent, surtout à l'île de Vénus. Cet endroit là est encore embelli par plusieurs appartemens de verdure, des salles de treillage ; il y a à côté divers jeux ; celui des boules, de l'anneau tournant ou de la bague et divers autres.

L'Orangerie est regardée par les connaisseurs comme un beau morceau d'architecture ; elle est jolie ; il y a devant un parterre avec plusieurs jets d'eau qui vont continuellement. Il y a encore à Chantilly bien de belles eaux, mais surtout une cascade et un canal superbes. Après avoir longtems promené dans le jardin, nous fûmes voir la ménagerie, elle est extrèmement vaste et renferme divers animaux rares venant des pays étrangers. Nous y vîmes de beaux faisans de la Chine, des aigles, un chat cervier, deux cerfs blancs, un bouc de l'île de Corse et plusieurs autres bêtes.

Chantilly est un endroit délicieux ; il présente de tous côtés d'aimables aspects. Nous y passâmes toute l'après-dînée. Nous y aurions encore resté, si la nuit ne nous en eût chassés.

Le vendredi 5 octobre, nous continuâmes notre route. Nous partîmes de Chantilly le matin à quatre heures et demie, nous dînâmes en voiture, et malgré toute la diligence que nous fîmes, nous n'arrivâmes à Arras qu'à neuf heures et demie. Les portes étoient fermées et nous fûmes obligés de loger dans le faubourg. Nous fûmes fort mal ; il nous fallut partager notre chambre avec le domestique, après avoir mangé quelques morceaux d'un mauvais souper, composé d'une salade et d'une omelette, qu'on nous fit payer 15 sols seulement.

J'oubliais de dire que deux ou trois postes après avoir passé Chantilly, nous eûmes une dispute avec un postillon, ce qui nous fit perdre un peu de tems. M. et Mme de Lafarelle étoient déjà loin, mais nous fûmes pendant deux postes bien menés et nous les rejoignîmes.

Samedi 8 octobre, nous partîmes à six heures et demie pour Lille. Nous y arrivâmes à midi et pûmes loger à l'Hôtel-Royal. On y est fort bien. Après avoir dîné, nous fûmes promener en voiture. La ville est belle, et il y a dehors une jolie esplanade.

Le dimanche 7 octobre, nous partîmes de Lille, le matin à 6 heures. Nous passâmes par Marquain, qui est le premier bureau de visite de S. M. I. (1) et arrivâmes à huit heures à Bruxelles. Nous logeâmes à l'Hôtel-d'Angleterre. On y est bien. Nous laissâmes là notre voiture.

Le lundi 8 octobre, nous prîmes à midi un carosse à quatre chevaux pour Anvers où nous arrivâmes à six heures et logeâmes à l'Ourse chez Boeykens, maître de poste. On y est bien.

Mardi 9 octobre, nous partîmes à sept heures d'Anvers avec un carosse à six chevaux. Nous entrâmes à midi sur le territoire de Hollande où il y a un village nommé Groot-Zeundert. Nous y dinâmes et fûmes assez bien. Nous en repartîmes à une heure et arrivâmes à trois heures et demie à Bréda. Nous logeâmes au Prince Cardinal. Nous y fûmes fort bien. Étant arrivés à Bréda, nous voulions aller voir M. Soulier, notre compatriote, mais on nous dit

____

(1) François II, empereur d'Allemagne.

qu'il étoit parti depuis quelques jours. Comme il étoit encore de bonne heure, nous fûmes voir le château du prince d'Orange.

Mercredi 10 octobre, nous partîmes à six heures de Bréda avec un carosse à quatre chevaux. Nous arrivâmes à midi devant Gorkum (1). Il fallut là traverser la Meuse. On a pour cet effet des sortes de bâteaux qu'on appelle *ponts* où une voiture entre fort aisément. Mais ce *pont* ne se trouva point et nous fûmes obligés de défaire nos malles, de les faire passer dans un bâteau ordinaire. Après que nous fûmes passés de l'autre côté, il fallut se procurer un autre carosse, ce qui nous retarda beaucoup. On y réussit enfin et nous partîmes de Gorkum à deux heures, après y avoir dîné avec du beurre et de la viande fumée. Nous arrivâmes à huit heures à Utrecht. Nous logeâmes au Château d'Anvers, chez Noblet. On y est fort bien.

Le jeudi 11 octobre, nous fûmes le matin voir Utrecht. Cette ville, si connue par son antiquité et par un congrés qui s'y tint en 1713 est encore remarquable en ce qu'elle est une espèce de double ville, vu qu'il y a des quartiers où il y a des maisons sous la rue dans laquelle on entre par une rampe de degrés qui donne dans les canaux. Nous partîmes d'Utrecht à une heure par la barque. Nous vîmes pendant le chemin de belles maisons de campagne de côté et d'autre de la rivière, et arrivâmes enfin heureusement à Amsterdam à sept heures et demie.

Je dirai ici qu'on nous a fait voir entre Tournay et Leuze l'endroit où se donna la fameuse bataille de Fontenoy. J'ai oublié de le dire à sa place.

Quand on doit faire un long séjour dans une ville,

______
(1) Ou Gorinchem.

il n'y a guère moyen d'entreprendre l'histoire de chaque jour en particulier. Aussi me contenterai-je de dire ce que j'ai vu en général, sans entrer dans un détail, peu instructif et fort ennuyeux. Je dirai cependant qu'en arrivant, nous fûmes droit chez M. et Mme Bachmann. Ils avoient envoyé leur carrosse à Mme de Lafarelle, leur fille. Au sortir de la barque, nous montâmes en voiture, sans perdre du tems. Il tardoit à notre demi Anduzienne de voir ses parens, chez lesquels nous arrivâmes avant huit heures. Nous y trouvâmes une partie de la famille de Mme de La Farelle, savoir M. Van den Brock (1), son oncle maternel, Mme son épouse, une jeune dame nommée Madelon. Un quart d'heure après, arriva une autre demoiselle appelée Miquié, aînée de celle que nous avions déjà vue, toutes deux filles de Van den Brock. Ce seroit trop d'ouvrage que de faire un portrait de toutes les personnes qu'on a eu occasion de voir, il faudroit pour cela les bien connoître, et si on avoit des femmes à peindre, on diroit plus souvent ce qu'elles paroissent que ce qu'elles sont en effet. Je m'y hasarde cependant, pour deux ou trois personnes seulement, mais je ne m'y arrêterai pas long-tems. Distinguons d'abord nos deux jeunes demoiselles et ne les confondons pas : L'une (Miquié) est d'un aimable caractère ; elle est enjouée quand le jeu lui plait ; on la soupçonne d'être assez sensible, ou du moins susceptible d'impressions, mais je crois pouvoir dire qu'elles ne sont ni fortes, ni durables, et je me fonde sur ce que j'ai vu pendant mon séjour. M. Hugues, de Marseille, mais établi à Amsterdam,

---

(1) Nous trouvons ce nom porté par un des « huit » qui se sont dévoués pour couvrir la retraite des Boers à Elandslaagte. Voy. *Revue Bleue*, 20 janvier 1900. Samuel Cornut, *Histoire anecdotique de la guerre sud-africaine*.

lui faisoit la cour, elle ne disconvenoit pas d'avoir du goût pour lui... Madame sa mère témoigna que ce mariage ne lui faisoit pas plaisir, parce qu'il y avoit apparence que son nouveau gendre emmèneroit sa fille en France, et qu'elle ne vouloit point lui voir quitter la Hollande. Sur le simple désir de sa maman, qui se seroit peut-être laissé gagner, cette demoiselle, tout amoureuse qu'elle étoit, remercia le cavalier, auquel elle avoit permis quelques jours avant de faire agir envers la personne de qui elle dépendoit. On dira peut-être que c'est par obéissance ; je crois pouvoir répondre que, d'ordinaire, l'obéissance n'est pas si prompte quand le cœur est véritablement pris. Pour ce qui est de la figure, elle l'a assez bien ; elle seroit jolie, si elle avoit un peu plus de menton ; elle commence à perdre, quoiqu'elle n'ait tout au plus que vingt ans. On prétend qu'elle a été beaucoup mieux. Si mon petit journal devoit servir à d'autres qu'à moi-même, on seroit surpris de ne me voir rien dire de la gorge de cette demoiselle. C'est un article que les jeunes gens n'oublient guère. Je suivrais le torrent, si je voulois lui en faire une d'imagination. Ce Petit cayer ne contient que ce que j'ai vu, et la gorge de Mlle V. D. Brock est toujours couverte à moitié. On dit tout bas qu'elle fait bien d'en user ainsi. L'autre (Madelon) est un petit espiègle ; elle est encore en pension, par conséquent bien jeune ; elle commence pourtant à avoir des prétentions. Elle n'est point sotte, mais elle a l'esprit malin, et n'est pas du tout bonne. Elle n'est point jolie ; elle a la figure plate ; pour de la gorge, c'est une emplette à faire ; je crois qu'elle s'achemine vers la foire. Leur mère Mme Van den Brock ne se renferme pas chez elle pour avoir passé quarante ans ; elle a le talent de mener son mari qui est un bonhomme, mais avec lequel je n'ai pas de longues conversations, parce qu'il n'entend pas un mot de français ni moi, un mot de hollandais. J'ai déjà fait plus que je ne voulois. Je ne puis cependant me dispenser de dire un mot de M et Mme Bachmann. Monsieur est fort honnête. On est chez lui avec tous les agréments que peut attendre un étranger d'un particulier extrêmement riche. Madame a toute la douceur de son sexe ; elle réunit toutes les qualités qui font une femme aimable ; elle est bonne, complaisante envers tout le monde, mais elle l'est au suprème degré envers sa fille et son gendre qu'elle idolâtre. Ils ont eu l'un et l'autre pour moi des bontés auxquelles nous serons toujours sensibles.

Je me suis engagé d'autant plus volontiers à donner une petite idée de ces différentes personnes, que j'ai eu occasion de les voir très souvent, et quoique dans un voyage ce ne soit pas tant les particuliers qu'on doive étudier que le peuple en général, j'ai cru ne pouvoir me dispenser de dire un mot des personnes avec qui j'ai été journellement. Je passe aux Hollandais et à la Hollande, sans pourtant m'y arrêter, pour ainsi dire. J'ai vu les Hollandais tels que les livres nous les montrent. Ils pensent avant que d'agir, réfléchissent avant que d'entreprendre ; ils sont bons citoyens, maris affectionnés, pères tendres ; ils sont surtout jaloux de leur liberté ; ils vantent beaucoup leur gouvernement. Leurs prérogatives, à les entendre, sont fort étendues. Ils n'aiment guère que le pays dans lequel ils vivent. Ce n'est point, à dire vrai, sans raison, qu'ils y sont attachés.

La Hollande fournit un moyen aisé de subsister à tous ses habitants, quoiqu'elle ne produise presque rien. Sa situation est si avantageuse pour le commerce, ses ports qui sont en grand nombre, si commodes, qu'il n'est point surprenant que le peuple aime son pays, y trouvant tout ce qui peut favoriser son inclination. Si je m'exprime ainsi, c'est que les Hollandais sont commerçans nés. Aussi profitent-ils de tous les avantages. Ils commercent dans toutes les parties du monde. C'est ce commerce qui a fait de la Hollande un des plus riches pays du monde ; car par elle, je l'ai déjà dit, elle ne produit rien ; on n'en tire que du lait, du beurre et du fromage.

Le pays est extrèmement plat, malsain, parce qu'il est humide, ayant été gagné sur la mer. Aussi ne m'a-t-il pas paru agréable en hiver. Il est presque tout sous l'eau pendant ce tems là. En revanche, il est charmant en été. De grandes prairies couvertes de bestiaux sont à côté de beaucoup de belles campagnes. Elles sont ici délicieuses. L'art y aide beaucoup la nature à les embellir. Au commencement de mai, on quitte la ville, et le séjour à la campagne est le plaisir général.

Les amusemens en hiver sont la société, comme partout ailleurs. Pour l'ordinaire, les vieux et les jeunes ne sont point confondus dans ces cercles ; les mères vont d'un côté, les jeunes demoiselles de l'autre. Malgré cela, tout se passe dans la dernière décence, et il arrive rarement d'histoire scandaleuse. A minuit un cavalier conduira une demoiselle dans son carosse et il sera aussi réservé que s'il avoit les yeux de la mère sur lui.

J'ai été quelquefois dans ces sociétés, qui, dans le vrai, sont ennuyantes. On s'y rend à six heures. On fait la partie sans dire presque mot. Si l'on profère quelques paroles, elles sont, pour l'ordinaire, hollandoises. Il est bien des personnes qui, avec les étrangers, ne parlent que françois. On doit cela à leur complaisance et à leur honnêteté. Mais si , parmi ceux qui composent la partie, il se trouve un véritable Hollandois ou une Hollandoise braillarde, elle a toujours la langue en mouvement ; il faut lui répondre et adieu le françois. Ce qu'il y a de mieux dans ces parties, c'est que, si l'on sait que vous avez une inclination, la maîtresse de la maison ne manque pas de vous faire jouer avec la personne pour qui l'on sait que vous avez du goût.

Outre ces sociétés qu'on appelle sallettes il y en a encore de plus cérémonieuses ; c'est ce qu'on appelle parties privées. Une femme envoie prier plusieurs femmes de venir prendre le thé et faire la partie chez elle. On s'y rend le jour indiqué extrèmement paré, surtout les femmes. Les hommes y vont sans être priés. Mais comme cela n'est pas très amusant, il n'y va souvent que ceux qui y suivent leurs belles, et quelques maris qui accompagnent leurs femmes, car dans ce pays là, mari et femme vont dans les mèmes sociétés et y vont ensemble.

Il y a encore de plus superbes parties ; ce sont les félicitations de mariage qu'on appelle Besœck. Quand les jeunes gens se marient publiquement, ils marquent un jour pour recevoir les félicitations. Chacun se pare de son mieux et va se présenter devant les jeunes mariés qui sont dans le fond d'une salle, ayant à leur côté leurs père, mère et autres proches parens. On leur fait inclination en marmottant quelques paroles. Après quoi on se retire et on se disperse dans plusieurs autres appartemens pour faire place à ceux qui suivent et qui viennent faire un semblable compliment.

J'ai été à une de ces félicitations. C'étoit à celle de M. Muilman et Madame Hartsinck. Nous n'étions pas éloignés de chez eux. Cependant nous restâmes plus d'une demi-heure avant que d'arriver, tant la file des voitures étoit grande et il falloit que chacun attendît son tour. Etant arrivés, nous eûmes beaucoup de peine dans deux appartemens qui menoient à celui où étoit la mariée, à cause du grand monde qu'il y avoit.

Après avoir fait notre compliment, nous nous rendîmes dans les salles de jeu. Il y avoit cinquante-huit tables, à plusieurs desquelles on jouoit au vingt et un ou au trente et un, et où il y avoit sept ou huit personnes, et sans contredit le plus grand nombre ne jouoit pas. J'y fis une partie de whist avec Mme de Lafarelle, Mlle Houvy et un cavalier avec qui j'avois soupé la veille chez M. Duplessis. Quoi qu'on dise de la modestie des Hollandois, je vis là des habits superbes.

Les femmes avoient des étoffes magnifiques; elles avoient toutes des diamans de grand prix et en grande quantité. Il y avoit surtout une dame qui, outre la tête qui en étoit garnie, en avoit un parfait contentement et des nœuds de manche. Les dentelles d'un chacun étoient superbes. On n'y voyoit aux manchettes ni batiste, ni mousseline, soit aux hommes, soit aux femmes. Les moindres habits des hommes étoient avec de grands galons. Beaucoup étoient d'un superbe drap avec une large broderie, et plusieurs, de velours à fleurs brodées en or de différentes couleurs.

Pendant l'hiver, c'est en courant de partie en partie que les gens distingués passent depuis six heures et demie jusqu'à neuf, ou en assistant à quelque concert. Mais la journée se passe différemment. On se met dans de petites voitures découvertes qu'on appelle traîneaux de parade. C'est une petite conque de bois sur deux morceaux de bois lisse sous lequel il y a des plaques de fer bien polies ; on attache à cette voiture un seul cheval. Une demoiselle accompagnée d'un cavalier qui mène parcourent ainsi la ville en allant extrêmement vite. Il faut, pour se donner ce singulier amusement, qu'il y ait beaucoup de neige dans les rues et qu'elle soit tout gelée. Dans ce tems là, les paysans, les laquais, les suivantes sont sur un canal à patiner et à parier qui y ira le plus vite.

On s'amuse encore en allant en carosse sur l'Y, lorsqu'il est bien pris. Ces amusemens n'étoient pas ceux pour lesquels j'avois le plus de goût. J'allois avec plus de plaisir parcourir la ville, unique dans son espèce. Amsterdam, situé sur le confluent de l'Amstel et de l'Y, est une superbe ville. Comme le terrain est marécageux, il a fallu recourir à l'art pour y bâtir solidement. Toutes les maisons sont sur des pilotis ; la ville est percée de quantité de canaux dont les quais sont bordés d'arbres et revêtus, pour la plupart, de pierres de taille.

Plusieurs ponts de bois et de pierres placés à petite distance facilitent le passage d'un côté à l'autre. C'est une des villes qui contiennent le plus de bâtimens publics. Il y a quatorze églises de réformés hollandais ; deux, de réformés françois ; beaucoup de catholiques romains.

Les anabaptistes, les quakers et toutes les autres sectes y ont aussi des églises. Il y a plusieurs synagogues. On admire surtout celle des juifs portugais. Les fondations pieuses sont en grand nombre ; elles sont riches et bien entretenues. Il y a surtout une maison d'orphelins qui a des sommes immenses. On y voit encore des maisons de force où l'on fait travailler les malfaiteurs que la loi n'a pas condamnés à mort. On admire encore à Amsterdam l'amirauté. C'est un édifice immense. Il renferme tout ce qui est nécessaire à l'équipement des vaisseaux. Il y a continuellement quantité d'ouvriers occupés à la construction. Cet édifice, quoiqu'immense et tout sur pilotis, a été construit dans l'espace de neuf mois dans un tems où l'on craignoit la guerre. La Bourse d'Amsterdam est une des plus belles. Outre tous ces édifices publics, l'Hôtel de ville est surtout remarquable. Il est extrêmement vaste ; il contient en dedans quantité de marbres, de jaspes, de belles statues et de belles peintures ; la magistrature s'assemble dans les plus beaux appartemens, et les caveaux renferment le fameux trésor de la Banque.

J'ai déjà dit que le commerce de la Hollande est très considérable. Celui d'Amsterdam l'est particulièrement. C'est ce commerce qui met cette ville en état de fournir à toutes les dépenses auxquelles elle est obligée. Ses revenus se prennent sur les droits d'entrée et de sortie que payent les marchandises, sur des impôts, sur tout ce qui se vend, sur des taxes imposées sur les maisons. Le port de cette ville est superbe. Il y entre toutes les années au-delà de deux mille vaisseaux ; c'est beaucoup plus qu'à Londres où il n'en entre que douze cents. L'hiver s'est passé à parcourir la ville et ce qu'elle renferme.

Depuis le commencement du printems jusqu'à présent, nous avons été journellement promener en fourgon et voir les environs de la ville : Partout on ne voit que belles campagnes. Dans ce mois de mai, nous fûmes plusieurs fois à Harlem. Nous y allions voir les fleurs qu'on y cultive très bien. C'est presque le seul commerce de cette ville, mais il est considérable. J'ai été chez un fleuriste qui y avoit gagné trois cent mille florins, ce qui fait au-delà de six cent mille livres. Outre Harlem qui est une grande ville, nous avons été, en promenant en cabriolet, dans plusieurs villes ou villages des environs, comme Weesp Naerden et plusieurs autres : je ne veux pas confondre Zardam, Wormerveer dans la foule des autres villages. Zardam est extrêmement connu, parce qu'il est extrêmement riche. La plupart des assureurs sont des paysans de Zardam. Ces deux villages dont le premier est grand et bien bâti se distinguent encore par leur propreté ; certainement elle est naturelle aux Hollandais, mais les villages qui sont dans le Nort-Holland la poussent à l'excès ; les étrangers en sont surpris à Amsterdam et dans les autres villes, mais à Zardam et Wormerveer on en est encore plus étonné. Nous allions dans ce dernier avec M. de Lafarelle, M. Roulleau, son associé et deux autres Messieurs pour s'assurer de 20 ou 25 mille fromages qu'ils devoient envoyer à Paris. Nous dînâmes chez le marchand de fromage où l'on s'étoit arrêté. Ce bon paysan nous régala très bien. Ces paysans ne sont pas des impéris (1). Celui chez lequel nous fûmes gagne toutes les années environ dix mille florins. J'avois déjà vu en gros plusieurs campagnes, mais je n'avois encore parcouru les coins ni les recoins d'aucune. Nous fûmes le 28 juin dîner chez M. le baron du Tour, cousin de Mme de Lafa-

---

(1) Expression provençale usitée encore aujourd'hui dans les Cévennes, qui signifie ignorant, maladroit, obéré, ruiné, gueux. V. Mistral, *Dictionnaire provençal-français*, verbo IMPÉRIT.

relle, qui a sa campagne à environ quatre lieues d'Amsterdam, au bout d'un village, nommé Beverwyk. Nous y fûmes très bien reçus. MM. du Tour père et fils eurent la complaisance de nous faire parcourir toute leur campagne qui est fort jolie. Il y a hors de l'enceinte des jardins, et, vis à vis la maison, un fort joli bois bien entretenu et percé de fort jolies allées. M. du Tour est fort bien logé. Il y a, à côté de la salle du billard qui est fort vaste, un beau salon tapissé de magnifiques tableaux. Après ce salon, il y en a un autre très bien meublé, de l'autre côté, encore un autre salon avec une tapisserie d'un cuir doré d'Angleterre, mais superbe. Dans le même salon il y a sur la cheminée et par dessus le trumeau une Vénus très bien exécutée. On la regarde, en son genre, comme un morceau achevé. Outre que nous fûmes bien régalés chez M. du Tour, nous y mangeâmes un bon melon et de belles fraises d'Angleterre et d'ordinaires. Nous repartîmes de cette campagne à six heures et demie et arrivâmes à neuf heures à Amsterdam. Nous étions partis le matin après cinq heures à dessein de ne pas passer par le chemin qui y mène droit, mais de passer par Harlem et par d'autres endroits où il y a de magnifiques campagnes. Nous exécutâmes ce projet, quoique nous eûmes toujours la pluie, ce qui étoit d'autant plus désagréable que nous étions en chariot découvert. Nous n'eûmes pour ainsi dire pendant toute la route qu'un moment sans pluie, ce fut lorsque nous fûmes arrivés au pied des dunes. Nous en profitâmes pour monter jusqu'au sommet, d'où nous découvrîmes, du côté du pays, une étendue immense, et du côté de la mer. le grand Océan.

Aujourd'hui 2 juillet, veille de mon départ, nous devions aller au Jardin de médecine voir un aloés en fleur. Cette partie fut remise au lendemain, et Mme de Lafarelle, mon frère et moi fûmes le voir avant dîner. Cet aloès est de ceux qu'on nomme *americana major* ; il n'avoit point encore fleuri, mais il étoit presque sur le point et déjà extrêmement haut ; on assuroit cependant qu'il augmenteroit encore de beaucoup. Ce même jour, mercredi 3 juillet 1771, je partis d'Amsterdam à huit heures du soir, après avoir dîné chez M. Bachmann. Quoique je fusse en Hollande depuis plus de huit mois, je n'avois pourtant pas encore vu La Haye. En partant, j'y passai ; mon frère et mon oncle vinrent m'y accompagner ; ils poussèrent même jusqu'à Rotterdam.

Nous étions partis d'Amsterdam à huit heures du soir. Nous ne nous couchâmes pas de cette nuit et arrivâmes en bateau le lendemain à six heures et demie à La Haye. Nous restâmes tout ce jour-là, jeudi 4 juillet, à La Haye. Nous promenâmes beaucoup la ville ou le bourg, ainsi appelé parce qu'il n'est pas muré, quoiqu'il soit très grand, et nous n'en repartîmes que le lendemain 5 juillet après avoir vu monter la parade. Dès que nous fûmes arrivés à La Haye, nous prîmes un carrosse et fûmes voir une maison appartenant au prince d'Orange, située dans le bois, c'est sans doute ce qui lui a donné le nom de Maison du Bois. Cette maison est joliette ; elle n'est pourtant pas magnifique, excepté en une seule pièce qu'on appelle la Salle d'Orange, et qui, à dire vrai, est superbe, moins par sa construction que par les peintures qu'elle renferme. Dans cette chambre sont exécutés, tous au mieux, les tableaux représentant les belles actions du prince Frédéric Guillaume. Cet appartement sert à présent de salle de conseil. Je m'étois bien proposé de voir la comédie à La Haye, mais soit parce qu'il y eut des réparations à faire à la salle ou autrement, il y avoit relâche au théâtre pour quinze jours. Nous fûmes donc privés du spectacle aussi bien que de voir le prince et la princesse qui étoient à Loo. Le lendemain 5 juillet, nous partîmes après avoir vu monter la parade, comme j'ai déjà dit et arrivâmes à trois heures et demie à Rotterdam. Nous fûmes loger à la Hure de sanglier. Nous y fûmes fort bien. Nous promenâmes beaucoup Rotterdam. Nous fîmes aussi un tour sur la Meuse ; il étoit déjà tard et nous nous retirâmes après avoir examiné pendant longtems la statue d'Érasme, qui est sur une belle place. Érasme est sculpté en bronze avec un bonnet de docteur, une robe, un livre à la main, prêt à tourner le feuillet.

Samedi 6 juillet, fut le jour de notre séparation. Je partis pour Anvers, avec mon oncle et mon frère.

Ils vinrent sur le bord de la Meuse, pour me la voir passer. Ce fut là où nous nous embrassâmes avec autant d'ardeur que d'amitié, mais dans la crainte de ne nous plus revoir. Je laissai Albert, qui autrefois ne paraissoit pas trop sensible, pleurant à chaudes larmes et poussant des cris comme un enfant qu'on châtie. Je n'étois pas plus tranquille et dans nos derniers embrassemens nos larmes se confondirent. Nous nous séparâmes en prolongeant pourtant le plaisir de nous voir autant qu'il était possible. Je les vis presque toujours sur le bord du rivage pendant que je traversai la rivière, et je ne cessai de les voir que quand je fus presque de l'autre côté. Peut-être y étaient-ils encore, mais l'éloignement m'empêchoit de les distinguer. Etant arrivé à l'autre côté de la rivière, je pris le chariot de poste et arrivai le même jour à huit heures du soir à Anvers. Je fus logé à l'Ourse chez Bœykens, où j'avais déjà logé en allant avec Mme de Lafarelle et j'y fus fort bien. Trois heures ou environ avant d'arriver à Anvers on passe à Herterbrock qui est le premier bureau de visite de S. M. I. J'oubliois de dire que, revenant de Rotterdam, après avoir été seul toute la matinée, je trouvai au Mordick une femme brabançonne qui parloit un peu françois et qui me servit d'interprète. Je dînai avec elle à un village nommé Rokwynt. C'est de ce côté le dernier village hollandois. On entre un peu après dans les terres de la reine.

Le dimanche, 7 juillet, je fus le matin promener la ville d'Anvers qui est grande et jolie. Il y a de beaux bâtimens. Je fus aussi voir ce qu'il y a de plus curieux. Les Pays-Bas ont toujours produit beaucoup de peintres. Il y en a encore quantité. Les Brabançons et surtout les habitans d'Anvers s'adonnent beaucoup à la peinture ; ils produisent journellement quelque chose et conservent quantité de belles pièces des anciens maîtres. Je fus voir celles dont on fait le plus de cas. La Bourse où est l'Académie des peintres en renferme de bien belles. Outre un grand nombre de beaux tableaux, j'y vis un magnifique portrait d'un concierge (1). (il est de Corneille de Vos), et un tableau où sont représentées la Peinture et la Sculpture gémissantes, par Franck. Ces pièces se trouvent dans la salle. Le salon contient beaucoup plus de belles peintures que la salle. On y remarque surtout un tableau représentant les Arts libéraux; les figures sont de Boeyermans et le paysage

______

(1) Il s'agit, sans doute, du célèbre portrait d'Abraham Grapheus.

de Genoels. Dans une autre pièce, on voit Abraham et Agar, par Eyckens le Vieux. (1) Ce tableau est magnifique. Les connaisseurs n'y trouvent rien a dire si ce n'est qu'Agar a un œil un peu trop rouge. On voit aussi dans le même salon un très beau tableau représentant la Sainte Famille par le fameux Rubens. De la Bourse, je fus à l'église de Saint-Jacques. Il y a plusieurs beaux tableaux, surtout un fait par Rubens, dans la chapelle où ce grand peintre est enterré et qui est appelée la chapelle de Rubens. Je fus ensuite dans l'église des Jésuites qui est très belle et qui renferme de belles peintures. De là je fus à la cathédrale, c'est l'église où il y a le plus de beaux tableaux qu'on admire tous, mais particulièrement une Descente de la croix. On dit qu'on ne peut rien rêver de mieux. C'est un chef-d'œuvre de Rubens. Après cela, je partis d'Anvers, dans la diligence, à deux heures, et j'arrivai à Bruxelles le même jour à huit heures et demie. J'aurais bien voulu voir la salle de la Comédie qu'on dit être superbe, mais lorsque j'arrivai, il étoit déjà trop tard ; la comédie étoit presque finie. J'y aurois cependant été, ne fût-ce que pour voir la salle qu'on m'avoit tant vantée, mais il me fallut avoir soin de faire détacher ma malle, etc., et avant que tout cela fût fait, le spectacle fut terminé.

---

(1) L'auteur attribue probablement ici à Van Eyckens le tableau *Agar et Ismaël chassés par Abraham* de Verhaghen.

Nîmes. — Imprimerie Générale, rue la Madeleine, 21,

* 9 7 8 2 0 1 3 6 2 4 0 3 9 *